DE LA

# SITUATION POLITIQUE

## DU PAYS

## AVANT LES ÉLECTIONS.

PAR

## LE M.ⁱˢ DE LA GRANGE,

Député de la Gironde.

* * *

# BORDEAUX,

## IMPRIMERIE DE LAVIGNE JEUNE,

FOSSÉS DE L'INTENDANCE, 15.

**1843.**

# SITUATION POLITIQUE DU PAYS

AVANT

## LES ÉLECTIONS.

DE

# LA SITUATION POLITIQUE

## DU PAYS

## AVANT LES ÉLECTIONS.

PAR

### LE M.<sup>is</sup> DE LA GRANGE,

DÉPUTÉ DE LA GIRONDE.

Il en est d'une Chambre qui finit comme d'un homme politique qui meurt : à peine a-t-elle terminé sa carrière, l'opinion est appelée à la juger. On se demande : Qu'a fait la législature qui vient de s'éteindre ? quel bien a-t-elle réalisé ? quel mal a-t-elle évité ? quelle dignité imprimée à notre attitude au dehors ? quelle impulsion donnée au dedans aux affaires du pays ?

Il y a cependant, entre la dissolution d'une assemblée législative et la mort d'un homme d'état, cette différence, que l'envie s'arrête au bord de la tombe de l'homme et que l'antagonisme de ses adversaires se change souvent en hommage pour honorer sa cendre, tandis qu'une Chambre qui meurt, à la vérité, comme corps politique, mais qui se survit à elle-même dans toutes les unités qui composaient son ensemble, laisse après elle des rancunes, des mécomptes et une responsabilité qui pèse encore long-temps sur chacun des membres du grand corps expiré.

Essayons de saisir dans un aperçu rapide la part d'éloge ou de blâme qui revient à la Chambre de 1839, aux différens cabinets et à chacune des opinions diverses qui ont joué un rôle pendant les quatre ans qui viennent de s'écouler.

Tout corps politique, tout cabinet, tout homme d'état, toute opinion parlementaire doit pouvoir se dire au terme de ses travaux : La haute mission qui m'était confiée, je l'ai remplie ; le but que je désirais atteindre, je l'ai touché ; les obstacles qui s'opposaient à mes efforts, je les ai domptés ; à travers le courant des volontés adverses, j'ai fait prévaloir ma propre volonté ; aujourd'hui je me retire, me reposant dans ma force et avec la conscience de l'accomplissement de mes devoirs.

Je demande s'il y a en France aujourd'hui une Chambre, un ministère, un homme politique, une opinion qui puissent tenir un pareil langage ?

Interrogez le pays, interrogez ce mécontentement qui sourdit dans toutes les classes de la société, interrogez ce malaise qui fait tressaillir tous ses membres et qui en parcourt le corps entier ; le pays lui-même et tous ces symptômes de souffrance qu'il est impossible de méconnaître vous répondront pour moi :

Non. Il n'y a point de Chambre, il n'y a point de cabinet, il n'y a point d'homme d'état, il n'y a point d'opinion qui ait accompli son œuvre et réalisé son programme.

Il y a eu de bons et de mauvais jours, des jours de lumière et de ténèbres, des actes de sagesse et d'imprudence ; il y a eu une Chambre dont l'existence a été remplie par les phases les plus diverses ; qui a donné tour-à-tour la majorité aux cabinets les plus opposés ; qui, au lieu de diriger les hommes du pouvoir, s'est laissé maîtriser par les circonstances ; mais qui, toujours loyale dans ses intentions et jusque dans ses inconséquences, a sauvé le pays de la crise la plus effroyable où la témérité et l'inconsistance d'un homme aient pu la précipiter.

Il y a eu des ministères de trois espèces différentes ; peu de mots suffiront à les caractériser.

Et d'abord, le cabinet du 12 mai. Personne assurément n'honore plus que moi le dévouement de ceux qui ont accepté le pouvoir en présence de l'émeute ; mais ce ministère n'a été qu'un palliatif à la situation ; il a manqué de vues d'ensemble, d'intelligence du présent, de prévoyance de l'avenir. Toutefois, loyal et probe, il vivait au jour le jour de petites transactions, et donnait la main à tous les partis dans un but honnête et conciliateur.

Puis, le cabinet du 1.er mars. Je ne voudrais pas récriminer sur le passé ; j'ai dit ailleurs mon opinion sur ce ministère ; il a disparu dans la tourmente qu'il avait suscitée lui-même ; et si l'orage qui grondait déjà sur nos têtes n'a point éclaté, à quoi le devons-nous, si ce n'est au bon sens de la nation, à cet accord généreux des opinions conservatrices de toutes les nuances qui, après avoir garanti une première fois la France des dangers d'une coalition intérieure, l'ont préservée des désastres d'une politique, provocatrice imprudente d'une coalition extérieure ?

Enfin, le cabinet du 29 octobre, — ministère réparateur des fautes du 1.er mars ; le pays lui doit la paix, c'est là son plus beau titre ; il est né des dangers d'une crise, et il les a fait évanouir.

Il faut savoir gré aux hommes de courage qui bravent l'impopularité dans un but patriotique ; ils soulèvent de violentes récriminations, car les malades confondent quelquefois la maladie avec le médecin appelé à la guérir.

Depuis ce grand fait accompli, le ministère du 29 octobre a déjà vécu long-temps.

Quels ont été ses actes et ses tendances ? comment sa politique s'est-elle dessinée ? quelles sont ses idées d'avenir ?

Ici nous éprouvons le besoin d'exprimer notre pensée tout entière, toutefois sans sortir de cette réserve et de cet esprit de convenance que l'on doit observer en parlant de personnages encore vivans. Nous n'appartenons pas au système de doctrines représenté par plusieurs membres du cabinet du 29 octobre, et que personnifie plus particulièrement encore l'homme d'état éminent qui lui donne son nom.

Entre lui et nous, il y a tout un passé qui nous divise ; loin de vouloir le rappeler ici, nous désirerions pouvoir l'oublier.

Il y a d'ailleurs en nous une répulsion profonde pour tout ce qui tendrait à restaurer la politique du 11 octobre. Sans doute nous honorons la résistance ; mais nous croyons qu'elle a fait son temps, et nous ne voudrions pas ressusciter un moyen de gouvernement qui, salutaire dans les momens de crise, pourrait devenir un sujet d'irritation au milieu du calme dont nous jouissons aujourd'hui.

Nous avons donc prêté un concours loyal et efficace au cabinet du 29 octobre pour assurer le maintien de la paix du monde et tous les avantages qu'elle apporte avec elle ; nous l'avons également soutenu dans toutes les mauvaises querelles, dans toutes les chicanes que lui faisaient des ambitions rivales ; nous l'avons défendu contre toutes les embûches dont l'intrigue et la passion cherchaient à embarrasser sa marche.

C'est qu'il y avait en nous une idée dominante : pour que le pouvoir soit fort, et il est nécessaire que le pouvoir soit fort si l'on veut que la liberté soit grande, il faut que le pouvoir soit durable ; la France a besoin de stabilité.

Comment voudriez-vous qu'un pays fût gouverné, si les portefeuilles échappent aux mains des ministres à chaque session, comme les feuilles tombent des arbres au renouvellement des saisons ?

Comment voudriez-vous qu'aucune amélioration pût s'introduire dans le gouvernement, si celui qui l'a préparée ne peut pas la réaliser lui-même ?

Comment voudriez-vous qu'aucune loi organique pût produire ses effets, si celui qui en a étudié l'économie n'est pas appelé à l'appliquer ?

Comment voudriez-vous que la voix de la France pût se faire entendre au dehors, si celui qui parle en son nom trébuche à chaque instant dans la position où il a été élevé ?

Il faut donc nécessairement laisser quelque sécurité, quelque répit aux hommes du pouvoir, quand ce ne serait qu'afin de leur permettre de se montrer tels qu'ils sont et de se faire apprécier pour ce qu'ils valent.

Savez-vous quels sont les inconvéniens de ces apparitions éphémères au pouvoir? C'est que, préoccupant sans cesse les ministres de leur propre conservation, vous ne leur laissez le temps ni d'essayer un système de gouvernement, ni de rien entreprendre au-delà de leur horizon borné. C'est que vous ne les mettez point à même de témoigner de leur capacité ou de leur incapacité.

Pour la plupart, ils descendent du pouvoir sans y avoir été éprouvés, et ils y remontent de même sans qu'on les connaisse davantage. Tandis qu'au contraire, si un cabinet ne cédait sa place à un autre qu'après avoir formulé et pratiqué ses doctrines, vous éviteriez ces combinaisons hasardeuses, ces fluctuations continuelles, ces engouemens inconsidérés et ces anathèmes non moins irréfléchis qui vous font quitter et reprendre les mêmes hommes sans pouvoir déterminer d'avance leur part d'action et d'influence dans les affaires.

Quiconque aurait siégé dans un ministère, aurait des antécédens si bien connus et si bien définis, que sa politique s'identifierait en lui.

Nous sommes donc fermement convaincus qu'il faut que les ministères vivent assez long-temps pour être bien compris et jugés par le pays; qu'il est d'une politique étroite et mesquine de se débarrasser de ses adversaires en les surprenant dans une embuscade, mais qu'il est habile et loyal de les défaire en bataille rangée.

Qu'a fait le cabinet du 29 octobre ?

D'abord, à l'extérieur :

Je ne reviendrai plus sur la transaction qui a mis fin à notre querelle avec l'Europe ; déjà, à plusieurs reprises, ici et à la tribune, j'ai fait connaître mon opinion sur la convention du 13 juillet; mais il est un acte diplomatique plus récent dont l'importance a été aggravée de tout ce qu'il y avait de faussé et de pénible dans la situation.

Je veux parler du traité signé à Londres le 20 décembre dernier pour l'abolition de la traite des noirs. J'en appelle à tout homme éclairé en pareille matière : les traités du 30 novembre 1831 et du 23 mars 1833, où le grand principe de l'inviolabilité du pavillon, où la liberté des mers avaient été sacrifiés au philanthropisme, étaient dangereux et compromettans. Il est certain que notre marine a été molestée, que les opérations de notre commerce ont été entravées en vertu du droit dont nous avions nous-mêmes armé une nation rivale ; si la France jusqu'ici n'en a point éprouvé des inconvéniens d'une nature encore plus grave, il faut en rendre grâce à la loyauté nationale, à ce sentiment de pudeur publique qui a empêché notre pavillon de couvrir un trafic infâme.

Le traité conclu en 1841 était encore plus dangereux et plus compromettant, puisqu'il abandonnait les réserves qui auraient permis au gouvernement de se retirer des traités de 1831 et de 1833, et qu'il étendait sur toutes les mers le monopole de l'inquisition britannique.

Ce traité avait d'ailleurs contre lui une inopportunité désolante ; on n'ignorait point que les bases en avaient été arrêtées depuis long-temps ; mais sa date lui donnait l'air d'une concession à l'Angleterre, et blessait ainsi les susceptibilités de la France si justement éveillées.

Ce fut une grande faute du cabinet du 29 octobre. Je n'en ferai point de reproche à M. Guizot. Conséquent avec lui-même, il a fidèlement obéi aux inspirations de sa conscience et à des convictions que je respecte ; mais je reproche à M. le ministre des affaires étrangères d'avoir subordonné une juste appréciation de la politique à une idée qui, quelque grande qu'elle fût, n'était qu'un principe purement humanitaire.

Passons à la politique intérieure.

Deux actes du ministère dominent tous les autres : la loi sur les fortifications de Paris et la loi sur les chemins de fer.

Jusqu'ici on a envisagé la fortification de Paris sous beaucoup de faces diverses ; je l'examinerai d'un point de vue nouveau, le seul peut-être qui ait échappé à ceux qui m'ont précédé, c'est-à-dire, dans ses rapports avec la constitution du pays.

Jusqu'à quel point la fortification d'une capitale est-elle compatible avec le gouvernement constitutionnel, avec la monarchie et les deux Chambres?

Que l'empereur, dans la plénitude du gouvernement absolu qu'il avait proclamé comme le seul légitime, ait pu avoir la pensée de fortifier sa ville, — je dis sa ville, parce qu'elle n'était plus alors la ville de la nation, mais la ville de sa dynastie, — cela se conçoit; c'était d'accord avec ce gouvernement dont la loi, partant d'un seul homme, n'aboutissait qu'à la responsabilité d'un seul homme; la constitution, à cette époque, c'était un décret.

Que la monarchie d'ancien régime ait pu vouloir, avec Vauban, fortifier Paris, cela se conçoit encore. Quelque chose de féodal et de personnel était resté dans la nature de ce gouvernement. La capitale de la France lui apparaissait comme un grand fief, dont il pouvait disposer à son bon plaisir. Citoyens, richesse publique, trésor, agrandissement ou rapetissement de la ville, tout cela dans son esprit lui appartenait; il pouvait en user et en abuser comme de sa propriété; il n'y avait là ni inconséquence, ni péril pour des institutions qui n'existaient point encore.

Que la république même, alors qu'elle avait concentré tous les pouvoirs dans le salut public, ait pu rêver avec Sieyès de fortifier Paris, rien de plus simple, cela était conforme à un gouvernement qui s'appelait liberté, mais qui faisait tout par la violence au nom du péril commun, et dont les moyens d'action étaient la banqueroute, le maximum, l'emprunt forcé, le papier-monnaie et l'échafaud.

Mais en étions-nous là, et pouvions-nous embastionner la capitale de la France sans découvrir à l'instant toutes ces garanties précieuses sous lesquelles, nos pères et nous, nous avons abrité quelque chose de plus saint que nos fortunes et nos vies, c'est-à-dire, les institutions qui font de nous un peuple libre, un contribuable volontaire et un inviolable citoyen?

Et d'abord, Paris fortifié, c'est Paris assiégé; autrement cela n'a pas de sens.

Paris assiégé, c'est la dictature, c'est la prééminence du pouvoir militaire sur le gouvernement civil.

Dans ce cas, l'état de siége nécessité par les murailles que vous avez élevées, se bornera-t-il à l'enceinte de la capitale, ou s'étendra-t-il sur les départemens qui resteront accessibles à son action?

Si l'état de siége se borne à l'action de Paris, vous aurez deux gouvernemens en France : un gouvernement militaire à Paris; un gouvernement civil, constitutionnel et libre dans les départemens.

Quelle sera alors la situation relative de Paris et des départemens?

Les départemens libres recevront d'un gouvernement militaire à Paris des injonctions, des demandes d'hommes et d'impôts, des mesures répressives de la délibération et de la presse, promulguées par le chef ou par la faction armée qui commandera à Paris.

Si les départemens obéissent, que devient la constitution générale du royaume? tout tombe donc aussitôt sous la dictature, parce qu'une seule ville du territoire est assiégée.

Si les départemens refusent d'obéir, à l'instant c'est la guerre civile, et la France entière tombe en décomposition, parce qu'une ville seule est assiégée.

Qui ne frémit devant de pareilles monstruosités? Je n'en dirai pas davantage. Un système qui renferme en soi le renversement de la constitution dans tout le royaume , ou le partage du royaume en deux, trois, quatre, que dis-je? en dix zônes peut-être de départemens, dont les uns seront sous la dictature, parce que le télégraphe leur apportera encore les ordres de Paris assiégé ; dont les autres continueront à être libres, parce que leurs communications seront coupées avec la capitale; un système qui livre ainsi les départemens à toutes les contradictions dans leur régime respectif, à toutes les usurpations des conseils locaux, à tous les désordres de fédérations imminentes ; un système dont le premier effet est d'anéantir le pouvoir des deux Chambres, de priver le gouvernement du droit de dissoudre celle des députés, de priver l'électeur de la faculté de la réélire ; de laisser la presse et la parole libres à Lyon, tandis que la presse et la parole seront étouffées sous l'urgence militaire à Paris; un pareil système est jugé pour tout homme qui attache un sérieux respect aux institutions de sa patrie, et qui regarde une bataille perdue comme une calamité mille fois plus redoutable qu'une constitution renversée.

Reste la question des chemins de fer.

Imprimer un mouvement accéléré aux hommes et aux idées, aux capitaux et aux marchandises; concentrer dans la capitale les forces vives de l'intelligence et de la puissance nationale, et les faire ensuite refluer du cœur aux extrémités; harmoniser partout le sentiment social; équilibrer les conditions du travail; ouvrir de nouveaux marchés; rapprocher l'industrie et les matières premières : tels sont les avantages que semble nous promettre l'adoption des grandes lignes de chemin de fer.

Ces avantages, le cabinet du 29 octobre a su nous les assurer en faisant triompher habilement l'intérêt général sur les intérêts particuliers qui cherchaient à morceler au profit de leur clocher toute vue d'ensemble et tout plan unique. C'est là sans doute une grande satisfaction donnée au pays, c'est là un grand honneur pour le ministère qui a rempli jusqu'au bout cette tâche si difficile et si laborieuse.

Après avoir examiné les principaux actes qui sont des sujets d'éloge ou de blâme pour le cabinet du 29 octobre, considérons quel a été son esprit; cherchons sa pensée politique. Ici j'éprouve un certain embarras; à Dieu ne plaise que je veuille lui faire un procès de tendance! Membre de la majorité conservatrice, mais appartenant à une nuance particulière de cette majorité, j'ai différé avec elle sur plusieurs points. Selon moi, il y a deux manières de servir le gouvernement : en l'appuyant dans toutes ses fautes, en le soutenant dans toutes ses faiblesses; ou bien en lui résistant à propos, en l'arrêtant lorsqu'il s'égare, et en le préservant même par quelque échec d'une catastrophe éloignée mais certaine, s'il s'enhardissait dans des voies funestes.

Il y a donc les bons et les mauvais amis du pouvoir, ses complaisans et ceux qui, au risque de lui déplaire, osent lui dire la vérité.

Nous appartenons à cette dernière classe; notre langage ne doit point être confondu avec celui de ces oppositions hargneuses et tracassières qui s'attaquent plus aux hommes qu'aux choses, et qui font bon marché des principes lorsqu'elles peuvent frapper leurs adversaires.

Pour en revenir au cabinet du 29 octobre, jusqu'ici nous l'avons vu environné de tant de difficultés, tellement tiraillé par son passé et engagé par les précédens funestes que lui avait légués le ministère du 1.ᵉʳ mars, que nous n'avons pu nous décider à lui demander un compte sévère de ses projets d'avenir et de ses vues politiques. Nous nous sommes bornés à défendre nos convictions particulières, lorsqu'elles se trouvaient attaquées, parce que, tout en faisant journellement des concessions à la permanence et à la stabilité du pouvoir, nous ne voulions pas cependant déserter nos principes et renoncer à nos idées d'améliorations sociales.

Qu'est-ce qui jusqu'à présent a soutenu le cabinet du 29 octobre ? C'est la réaction contre le ministère du 1.ᵉʳ mars. Qu'est-ce qui a fait la popularité de **M. Guizot** ? C'est l'impopularité de **M. Thiers**. Mais ce moyen de gouvernement commence à s'user ; le danger passé et la sécurité retrouvée, le calme renaît bien vite, les esprits se détendent, l'antagonisme s'éteint : l'idée de la résistance ne peut plus prédominer lorsqu'on a vaincu ses adversaires, on résisterait dans le vide.

Les hommes qui veulent diriger une grande nation doivent lui montrer un autre programme qu'un principe négatif.

La peur d'un revenant n'est pas un sentiment qui puisse agir long-temps sur un peuple mobile, actif, ingénieux comme le peuple français.

Le ministère a régné, mais il n'a pas toujours gouverné ; déjà le parlement lui a échappé plusieurs fois ; et s'il ne nous apporte pas quelque chose de nouveau, comment pourrait-il diriger la Chambre nouvelle ?

Tandis que tous les cabinets se transmettent les uns aux autres des traditions routinières ; tandis que, se bornant à des changemens d'hommes, ils persévèrent dans les mêmes voies et s'appliquent uniquement à parer les attaques maladroites et sans portée d'une opposition encore plus arriérée et stationnaire, il se fait dans le pays tout entier, dans les intelligences, dans toutes les classes de la société, un mouvement continuel et progressif. Les générations qui se suivent comme les jours, sans se ressembler, et qui renouvellent successivement les masses ; ces générations, dis-je, étrangères à toutes nos vieilles luttes, indifférentes aux récriminations du passé, demandent autre chose que des guerres de noms propres, que le triomphe des rivalités d'influence et de dissentimens individuels ; elles demandent le développement de nos institutions, non pas dans un sens révolutionnaire ou radical, mais dans le sens moral et social de la révolution de 1789 ; non pas de ce faux point de vue arbitraire et philosophique qui, partant du droit naturel, considère les hommes et le monde comme une abstraction, qui néglige la morale et regarde la liberté comme une chose absolue, mais de ce point de vue pratique et organisateur qui, tout en aimant la liberté, sait la subordonner aux nécessités du temps ; qui à côté du droit place le devoir ; qui respecte la religion et la propriété ; qui, au lieu de vouloir renier ou comprimer les tendances de notre époque, s'applique à éclairer et à moraliser la démocratie, et qui travaille à élargir la bouche du cratère pour prévenir les désastres des éruptions volcaniques.

Tel est l'ordre d'idées qui saisit les esprits sérieux ; ces idées font chaque jour de nouveaux progrès. Jusqu'à présent elles ont plus préoccupé le pays que les Chambres, les penseurs que le gouvernement. Il est temps que le pouvoir étudie le problème social que le présent lui offre à résoudre ; il est temps qu'après avoir fait une large part aux intérêts matériels, on fasse la part des intérêts moraux ; que l'on acquière et que l'on garde l'autorité, non-seulement pour vaincre les factions, mais pour faire prévaloir les intérêts généraux sur les intérêts de parti, le patriotisme sur l'individualisme, mais pour améliorer graduellement et progressivement la situation du pays.

Nous ne doutons point qu'un homme d'une aussi haute intelligence que M. Guizot ne soit préoccupé du mal secret qui travaille la société ; un esprit élevé ne peut vouloir conserver le pouvoir par un sentiment puéril de vanité personnelle. Il sait que l'on ne gouverne pas sans idées, de même qu'on ne moralise pas sans probité, et qu'on ne convertit pas sans foi.

Nous connaissons ses doctrines sur l'autorité, nous les partageons à certains égards ; nous nous sommes toujours prononcés pour une très-forte organisation du pouvoir, parce que le pouvoir est l'instrument de toutes les idées, et que sans lui on n'en peut réaliser aucune.

Mais si nous avons voulu constituer le pouvoir sur une base ferme et durable, c'est précisément pour que la liberté pût être agrandie sans inconvénient dans l'esprit de notre époque, esprit tout à la fois de conservation et d'améliorations progressives que nous n'obtiendrons jamais du démembrement de l'autorité, mais dont nous serons redevables au gouvernement lui-même qui, seul, peut en prendre l'utile initiative.

Si jamais époque fut favorable à cette initiative qui, tout en élargissant les bases sur lesquelles repose l'ordre social, consolidera pour des siècles cet édifice majestueux, c'est l'époque où nous sommes aujourd'hui.

Le calme qui nous est accordé après tant d'agitations au dedans et au dehors, le désillusionnement des partis, le désenchantement des hommes, l'abandon des querelles de mots, le dégoût des questions personnelles, tout semble présager une ère plus heureuse.

Les idées les plus saines et les plus pratiques ont pénétré dans le pays ; elles appellent la régénération du gouvernement et des partis ; elles entreront dans les Chambres avec des hommes nouveaux et se personnifieront par des organes dignes d'elles.

Le gouvernement seul pourrait-il rester immobile au milieu de ce mouvement général qui agite les esprits et les hommes ? Pourrait-il, se renfermant dans une citadelle de doctrines surannées et posthumes, résister à l'impulsion du dehors ? Je ne crois pas qu'il puisse le faire sans péril lors même qu'il le voudrait, et je le crois trop intelligent pour le vouloir.

Qu'il vienne donc au commencement de la session prochaine, non plus avec ces formules banales en qui personne n'a plus de foi, mais avec une pensée qui lui appartienne en propre et qui saisisse l'opinion publique, avec un programme qui satisfasse aux besoins du temps.

Alors tous les hommes qui veulent non pas conserver tel ou tel ministère, mais conserver à la fois le pouvoir et la liberté afin de les sauvegarder l'un par l'autre, tous ces hommes, dis-je, qui forment l'immense majorité du pays, lui prêteront l'appui de leur dévouement et de leur influence.

Alors il n'y aura plus besoin de tactique pour garder les portefeuilles, les actes sauront les maintenir.

L'opposition qu'il y aura à combattre surgira seulement de ces deux fractions extrêmes qui veulent ou la liberté à l'exclusion du pouvoir, ou le pouvoir à l'exclusion de la liberté. Mais dussent-elles coaliser leurs efforts contre ceux qui préfèrent l'agrandissement parallèle du pouvoir et de la liberté, elles se trouveront toujours en minorité.

Il me reste à parler des partis qui divisent la Chambre et le pays ; je le ferai de la manière la plus générale. Mon intention n'est point d'entrer ici dans l'énumération des différentes fractions qui morcellent les opinions au profit d'ambitions personnelles, et qui, groupées derrière un nom propre, méritent plutôt le nom de coteries que celui de partis politiques. Entre tant de nuances diverses, je ne saisirai que deux couleurs tranchantes : les conservateurs et l'opposition.

Les conservateurs : J'ai dit les services qu'ils ont rendus au pays dans les dernières crises dont le souvenir est encore si récent. Depuis lors ils en ont rendu d'autres non moins importans, en repoussant l'extension du droit de visite, et en appuyant de leurs votes l'accroissement de l'effectif de notre marine.

Dans toutes les questions où il s'agit de l'honneur national, ils ne failliront jamais ; on les verra toujours marcher à la tête de l'opinion ; à cet égard, ils ne se sont jamais divisés, et leur majorité a été aussi compacte que leurs sentimens étaient unanimes.

Mais si, dans les questions extérieures, il y a quelque chose de plus vibrant et de plus saisissant, qui agit, pour ainsi dire, sur l'opinion comme un coup électrique, dans les questions intérieures il se présente bien d'autres complications : la vérité se fait jour plus difficilement, les principes sont presque toujours contestés, et leur application devient plus difficile. Il en résulte que, partagé entre le désir d'accueillir une amélioration utile et la crainte d'adopter une innovation dangereuse, on se décide à ne rien faire, disposition malheureuse qui n'a que trop souvent prévalu et qui tend à s'accroître de jour en jour. Nous en citerons quelques exemples :

Deux propositions individuelles ont été repoussées par la majorité, et cependant toutes deux étaient fort inoffensives, au moins dans leurs effets.

L'une, présentée par l'honorable M. Ducos, tendait à conférer les droits électoraux à la seconde liste du jury. Elle a été noblement défendue par mon ami M. de Lamartine; ses paroles sont encore trop vivantes dans tous les souvenirs pour que je ne craigne pas de les affaiblir en les analysant.

Le grand tort de la proposition de M. Ducos, c'est qu'émanant de l'opposition, son succès semblait compromettre l'existence du cabinet. Ce fut là du moins le motif principal du rejet qu'en fit la majorité; en cela elle obéit à ce vieux préjugé parlementaire qui condamne d'avance toute initiative du parti adverse, tactique usée qu'il est temps d'abolir : car une majorité s'approprie tout ce qu'elle sanctionne, comme un grand fleuve purifie dans son cours toutes les eaux troublées que lui amènent ses affluens. Les conservateurs, selon nous, eussent dû déterminer le ministère à adopter cette innocente réforme et à ne pas faire une question de cabinet d'un principe auquel, six mois auparavant, il n'opposait aucune objection sérieuse.

La seconde proposition, celle des incompatibilités, fut présentée par M. Ganneron.

Je conçois que la majorité ait rejeté une disposition qui, limitant le choix des électeurs, portait atteinte à leur souveraineté, en restreignant la liberté de leur choix par l'élimination de catégories entières.

Je conçois plus difficilement que le cabinet ait repoussé les incompatibilités, fort restreintes d'ailleurs, qui lui étaient offertes : car le grand nombre de fonctionnaires dans la Chambre, indépendamment de ce qu'il nuit à l'accomplissement de services importans, et de ce qu'il blesse les principes hiérarchiques, est pour le gouvernement une source intarissable de difficultés intérieures, et même de dangers parlementaires.

Mais ce que je ne conçois point, c'est que la Chambre tout entière n'ait pas admis cette disposition si sage et si utile que proposait M. Ganneron, en fermant aux députés non fonctionnaires l'accès de tous les emplois non politiques.

Quoi de plus injuste, en effet, que de voir un député qui n'est pas un homme politique s'élancer tout-à-coup de son banc à des fonctions élevées et lucratives, et dépouiller ainsi à son profit ceux qui ont parcouru lentement et laborieusement tous les échelons des carrières auxquelles ils se sont voués dès leur jeunesse ?

Quoi de plus choquant pour cet amour de l'égalité qui distingue si essentiellement le caractère national, que de voir la députation servir de gagne-pain à des hommes nécessiteux, ou de marche-pied à des ambitieux ?

Je regrette que les conservateurs, qui se sont montrés souvent si courageux contre les factions, se soient montrés quelquefois si timides contre les abus. Je regrette que, suivant toujours les mêmes erremens, ils aient eu peur de tout ce qui était nouveau. Je regrette que, par suite d'un sentiment de respect et de déférence pour le pouvoir que j'honore en eux, ils aient manqué de cette fermeté si nécessaire pour l'éclairer sur ses véritables intérêts.

Ah! s'ils avaient compris la portée de ce mot de M. de Lamartine : *Ce ne sont pas les ministères qui font les majorités, mais les*

*majorités qui font les ministères,* ils auraient rendu la tâche du pouvoir bien plus facile. Sachant d'avance sur qui il pouvait compter et jusqu'à quel point il pouvait y compter, le cabinet aurait été plus assuré dans sa marche, plus ferme dans ses résolutions ; il n'aurait point éludé les questions, il les aurait abordées et décidées nettement, et ses résolutions, quelles qu'elles fussent, au lieu d'un sol mouvant où fléchissent les principes, auraient offert un terrain solide au choc des opinions opposées.

Malheureusement il n'en a point été ainsi. Le parti conservateur, comme le pouvoir, comme les autres partis en France, vit trop sur le passé ; il me représente cette littérature du dix-septième siècle qui ne se nourrissait que de la substance des anciens auteurs. La majorité se repaît de ses vieilles luttes, elle répète ses mêmes discours ; elle a tout conservé, ses bons sentimens comme ses préjugés, sa fidélité à son drapeau de même que ses défiances et ses préventions.

Quant à nous, nous avons une plus haute idée du nom de conservateurs ; nous comprenons sous cette honorable dénomination les hommes qui, partis des divers points de l'horizon politique, se confondent dans une seule et même pensée : la conservation du pays par le progrès et non par l'immobilité ; qui veulent concilier les bienfaits de la paix avec la dignité au dehors, le respect de l'autorité avec le maintien et le développement des libertés publiques ; qui ne se préoccupent pas des hommes seulement, et qui croient que les noms propres ne sont pas le nœud des problèmes sociaux que nous avons à délier, si nous ne voulons pas que plus tard, sans nous et malgré nous, ils soient tranchés violemment.

Maintenant, pour en finir, examinons en peu de mots la situation de l'opposition en France.

Qu'a fait l'opposition depuis dix ans, je pourrais dire depuis près de trente ans ; qu'a fait le vieux libéralisme ?

Attaquer le pouvoir quel qu'il soit, dénoncer les ministres quoi qu'ils fassent, déverser le blâme et la réprobation sur tout ce qui s'appelle gouvernement, déconsidérer l'administration dans tous ses

membres et dans tous ses actes, déblatérer contre la majorité, crier
à la trahison et à la corruption, et cela toujours avec la même phra-
séologie vide et boursoufflée, toujours avec cette même friperie de paroles usées et banales dont il se drape avec orgueil : telle est la tâche que le vieux libéralisme semble poursuivre avec une constance
vraiment admirable.

C'est bien de lui qu'on peut dire avec raison qu'il n'a rien oublié
ni rien appris.

Tout change dans le monde où nous vivons ; les hommes succèdent
aux hommes, les idées aux idées, les révolutions aux révolutions ;
le sol où nous marchons est ébranlé par les conquêtes de l'intelligence
et par les prodiges de l'art ; les limites des sciences se reculent de
tous côtés, notre horizon s'agrandit sans cesse devant nous ; le tour-
billon nous entraîne avec lui, le vieux libéralisme seul demeure stationnaire ; immobile comme le dieu Therme, il garde toutes les rancunes de l'âge mûr et toutes les terreurs de l'enfance : c'est un véri-
table anachronisme au milieu de la transformation sociale.

Pour lui, tout enfant du dix-neuvième siècle, si son nom est précédé d'un titre ou seulement d'une particule, devient un baron féodal, un ennemi des lumières et de la liberté ; une soutane l'inquiète,
car il lui semble voir se dresser le fantôme de l'inquisition et du pouvoir monacal ; il tremble à l'aspect d'une croix, car il ignore que la
croix a été le symbole de l'affranchissement et de la liberté du monde.

Ah ! si l'opposition, au lieu de s'obstiner à nous représenter ces
parades qui ne divertissent personne , d'entonner cent fois les mêmes airs de bravoure qu'on n'écoute plus, et de creuser chaque jour
davantage l'ornière où elle s'enfonce , pouvait renoncer à ces logo-
machies retentissantes pour entrer dans le vif et dans la réalité des
choses ; si elle voulait écouter les véritables griefs du pays et pénétrer dans les besoins sociaux, il y aurait bien assez à reprendre et
à blâmer pour alimenter pendant long-temps la verve de ses ora-
teurs !

Qu'ont-ils fait jusqu'à présent ? Des programmes emphatiques et
creux. Quelle idée nouvelle ont-ils apportée à la tribune ? Quel sys-

tême ont-ils mis en parallèle avec celui du ministère ? Quelles sont leurs vues pratiques ? Quels sont leurs moyens de gouvernement ?

Jusqu'à présent ils ne nous ont rien fait connaître.

Ont-ils cherché quelque remède à appliquer au mal secret qui travaille la société ; à ce manque de foi qui pousse l'individu du scepticisme au suicide ; à cette absence de hiérarchie qui paralyse l'autorité ; à cette diffusion des connaissances qui déclasse les hommes , les précipite sur les fonctions publiques et crée autant de mécontens qu'il y en a d'exclus ; à ce développement exagéré de la production, plus menaçant encore que l'accroissement de la population en France?

Se renfermant dans un silence dédaigneux , ils nous ont complétement laissé ignorer leurs opinions sur ces hautes questions.

Mais lorsqu'il s'est agi de renverser ceux qui étaient au pouvoir , quelques mesures qui leur fussent présentées , lors même qu'elles eussent été profitables pour tous, bienfaisantes dans leurs résultats, ils ont toujours répondu par un vote négatif.

Je dis qu'une disposition semblable est un malheur dans un pays qui , tourmenté de tant de difficultés intérieures, a besoin de consolider et de développer ses institutions ; pour accomplir une tâche aussi grande et aussi laborieuse, c'est une privation réelle que celle du concours de tous les hommes d'honneur et de talent qui siégent dans l'opposition.

La persistance de leurs convictions est un motif pour les estimer davantage , et nous ne pouvons que déplorer l'erreur profonde qui les égare dans une fausse route.

MAINTENANT concluons :

Quelle est la situation du pays? Cette situation , nous avons cherché à la définir en exposant la conduïte du gouvernement, des Chambres et des partis en France. Le terrain est déblayé de la question parlementaire suscitée par la coalition ; ce grand procès a été décidé comme il devait l'être, par l'équilibre des trois pouvoirs et non par une suprématie usurpée.

Les affaires d'Orient ont été, je ne dirai point résolues, mais palliées ; aujourd'hui elles suivent la voie pacifique des négociations, et la surveillance jalouse avec laquelle s'observent deux grandes puissances rivales, semble éloigner du présent ces crises qui ébranlent le monde. Il n'y a donc plus à craindre maintenant aucune de ces luttes violentes qui puissent compromettre la paix intérieure ou extérieure.

Sans doute chaque jour amène avec lui ses embarras et jette quelques complications sur l'ensemble de la politique ; mais ce sont de ces difficultés que, par les conditions même de son existence, le pouvoir est appelé à résoudre.

Si l'aspect du monde politique est calme en ce moment, en est-il de même de la société en France ?

Je ne le crois pas.

Le pays, satisfait des immenses concessions faites aux intérêts matériels, éprouve des besoins moraux dont il serait urgent de tenir compte.

Parmi les symptômes qui signalent la maladie sociale, j'en citerai un seul qui frappe tous les esprits : l'accroissement des crimes et des délits contre les personnes et la propriété.

Il y a long-temps que l'honorable M. Pagès (de l'Ariége) disait à la tribune :

*La question sociale empire ; impuissans à la résoudre, les ministres la cachent sous la question politique.*

En 1834, M. de Lamartine dépeignait ainsi dans son beau langage la situation du pays :

« L'époque ouvre une route nouvelle à des innovations toutes

» morales, toutes préservatrices ; l'esprit d'organisation travaille
» toutes les pensées ; la presse, la pensée publique, les intérêts
» mêmes des masses devancent dans cette voie l'action du gouverne-
» ment qui ne s'occupe que de la question politique d'un passé déjà
» traversé, tandis que les questions sociales frappent à nos portes...
» Il faut une force d'impulsion à notre politique, il lui faut un sens
» social, une pensée organisatrice ; il faut l'intelligence de ce que la
» société demande. Elle demande d'abord de la morale et de la lu-
» mière qu'on lui donne avec trop de parcimonie dans le système
» étroit d'instruction publique ; elle demande un système d'élection
» plus vaste qui, en élargissant la base politique de la société, lui
» donne plus d'aplomb sur elle-même et permette à toutes les classes
» de faire représenter leurs besoins et leurs intérêts devant la légis-
» lation ; elle demande des enquêtes permanentes sur nos maladies
» industrielles ; elle demande l'allégement ou le redressement de
» certains impôts qui, comme l'octroi et d'autres impôts indirects,
» atteignent aveuglément le riche et le pauvre, et portent d'un poids
» plus lourd sur les classes ouvrières ; elle demande que vous retiriez
» de l'état où ils sont, une partie surabondante de vos prolétaires en
» leur fournissant du travail, soit par voie d'association, soit par avan-
» ces de capitaux et de terres dans des colonisations à l'intérieur
» ou au dehors... Ce qu'il faut au peuple, c'est le zèle du bonheur
» des masses, c'est la charité dans nos lois ; jetons-en à pleines
» mains ! »

Ces idées doivent pénétrer un jour dans les Chambres, car elles
ont gagné de plus en plus dans le pays ; elles sont destinées à trans-
former le gouvernement et les partis. Elles n'ont rien de menaçant,
car, loin de parler aux passions, elles s'adressent aux esprits élevés ;
elles n'ont rien d'hostile au pouvoir, parce que ceux qui les profes-
sent, respectant tous les droits légitimes, et comprenant que toutes
les améliorations sociales ne peuvent être introduites que par le pouvoir, craindraient d'affaiblir en lui l'instrument qui doit servir à les
réaliser.

Hâtons donc de nos vœux et par nos efforts le moment où le gouvernement, plus éclairé, attachera son initiative aux véritables questions politiques, c'est-à-dire, s'appliquera à découvrir pour les guérir
toutes les plaies cachées qui minent le corps social ; où les conserva-

teurs intelligens, tout en maintenant intact le dépôt de nos institutions, s'occuperont à répandre les bienfaits d'une influence moralisatrice sur les classes nombreuses , pour alléger ainsi le poids des souffrances qui pèsent sur elles , et qui sont à la fois un sujet de tristesse pour l'humanité et un danger pour la société.

Saint-Ciers-Lalande, le 4 juillet 1842.

E. DE LAGRANGE ,

*Député de la Gironde.*

Bordeaux. — Imprimerie de Lavigne, fossés de l'Intendance, 15.